Impressum
Verlag: BABADADA GmbH, Nedderfeld 112 , 22529 Hamburg
Geschäftsführer / Verlagsleitung: Harald Hof
Druck: Books on Demand GmbH, In de Tarpen 42, 22848 Norderstedt

Imprint
Publisher: BABADADA GmbH, Nedderfeld 112 , 22529 Hamburg, Germany
Managing Director / Publishing direction: Harald Hof
Print: Books on Demand GmbH, In de Tarpen 42, 22848 Norderstedt

mokykla
okul

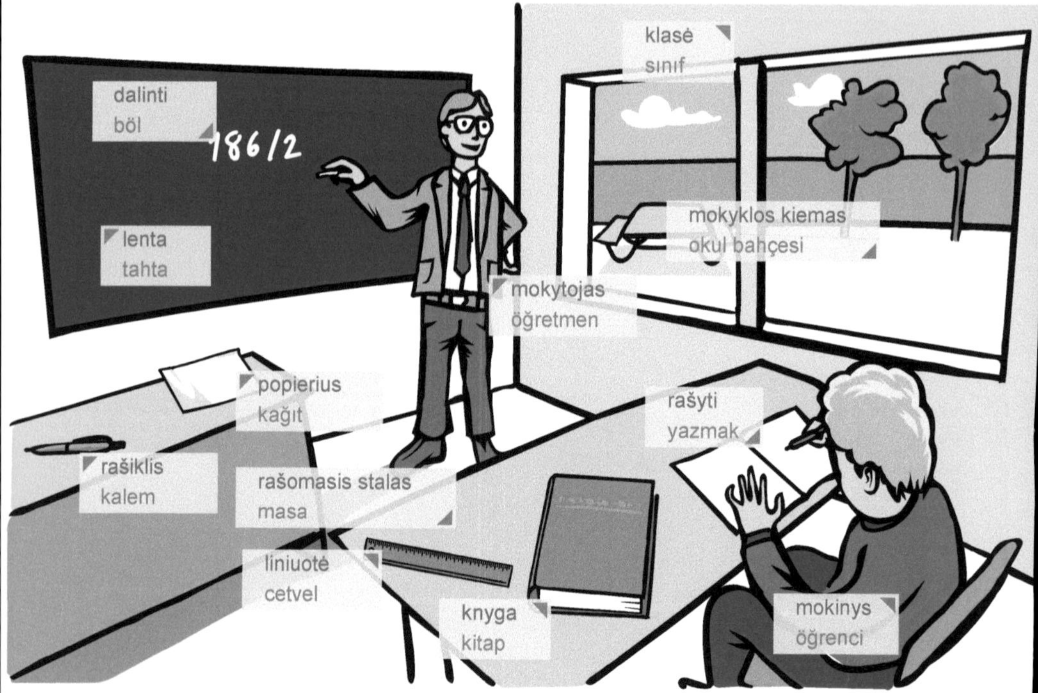
klasė
sınıf
dalinti
böl
186/2
lenta
tahta
mokyklos kiemas
okul bahçesi
mokytojas
öğretmen
popierius
kağıt
rašyti
yazmak
rašiklis
kalem
rašomasis stalas
masa
liniuotė
cetvel
knyga
kitap
mokinys
öğrenci

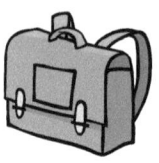

kuprinė

okul çantası

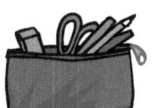

penalas

kalemlik

pieštukas

kurşun kalem

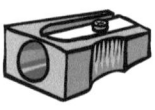

drožtukas

kalem açacağı

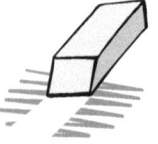

trintukas

silgi

piešimo bloknotas

çizim defteri

piešinys
çizim

teptukas
resim fırçası

dažų dėžutė
boya kutusu

žirklės
makas

klijai
tutkal

vadovėlis
alıştırma kitabı

namų darbai
ödev

numeris
sayı

pridėti
ekle

atimti
çıkar

dauginti
çarp

skaičiuoti
hesapla

raidė
harf

abėcėlė
alfabe

žodis
kelime

tekstas	skaityti	kreida
metin	okumak	tebeşir
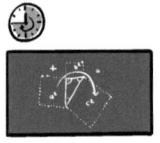		
pamoka	dienynas	egzaminas
ders	kayıt	sınav

pažymėjimas	mokyklinė uniforma	išsilavinimas
sertifika	okul forması	eğitim

enciklopedija	universitetas	mikroskopas
ansiklopedi	üniversite	mikroskop
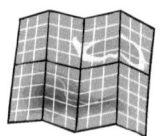		
žemėlapis	šiukšliadėžė	
harita	kağıt çöp kutusu	

viešbutis
otel

svečių namai
pansiyon

ROOMS

valiutos keitykla
döviz bürosu

EXCHANGE

lagaminas
bavul

mašina
otomobil

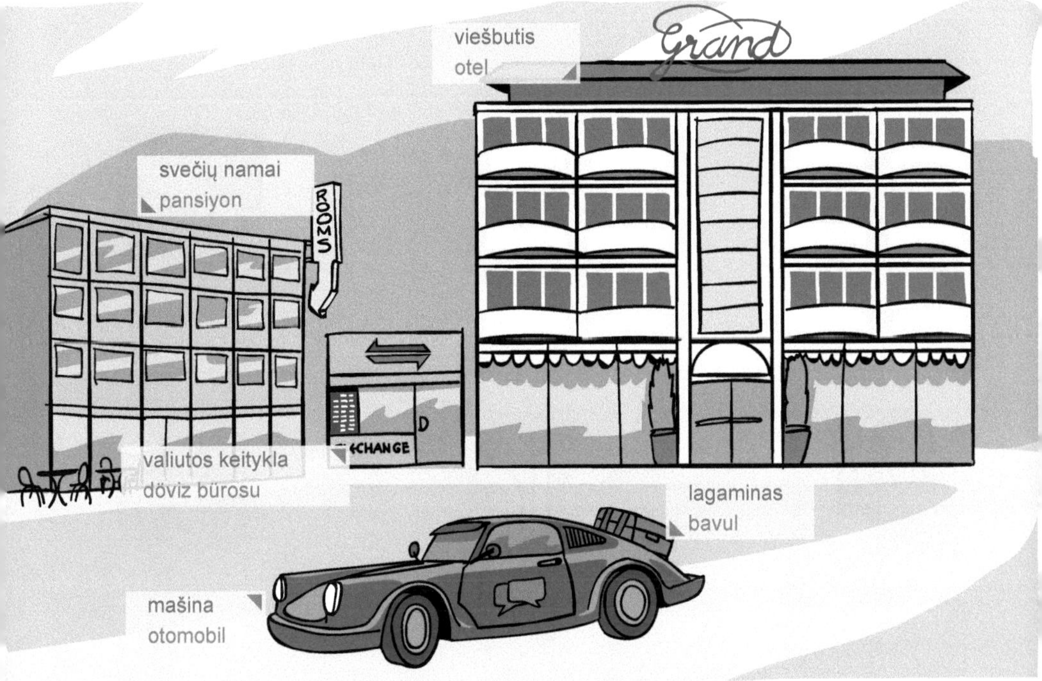

kalba
....
dil

taip / ne
....
evet / hayır

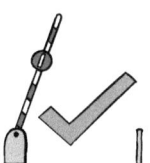

Gerai
....
Tamam

sveiki
....
merhaba

vertėjas raštu
....
çevirmen

Ačiū
....
Teşekkür ederim

kiek kainuoja...?

bu ... ne kadar?

aš nesuprantu

anlamadım

problema

problem

Labas vakaras!

İyi akşamlar!

Labas rytas!

Günaydın!

Labos nakties!

İyi geceler!

viso gero

güle güle

kryptis

yön

bagažas

bagaj

krepšys

çanta

kuprinė

sırt çantası

svečias

misafir

kambarys

oda

miegmaišis

uyku tulumu

palapinė

çadır

turizmo informacija

turist danışma

paplūdimys

sahil

kreditinė kortelė

kredi kartı

pusryčiai

kahvaltı

pietūs

öğle yemeği

vakarienė

akşam yemeği

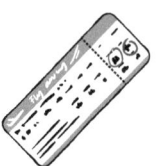

bilietas

Bilet

liftas

asansör

pašto ženklas

pul

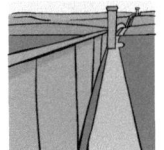

siena

sınır

muitinė

gümrük

ambasada

elçilik

viza

vize

pasas

pasaport

kelionė - seyahat

transportas
ulaşım

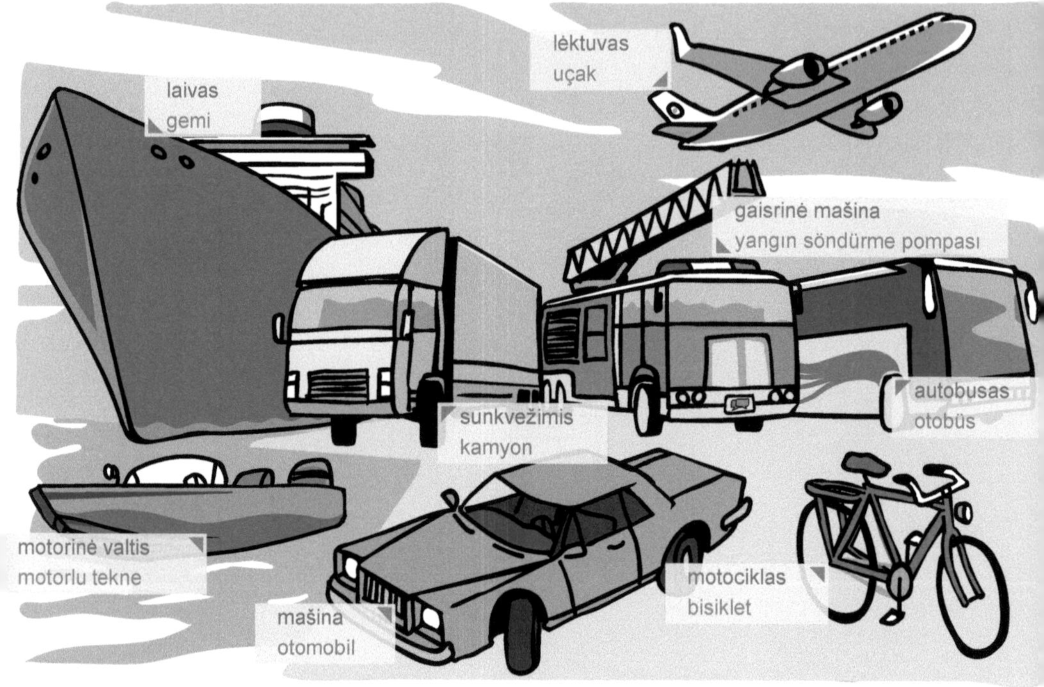
lėktuvas
uçak
laivas
gemi
gaisrinė mašina
yangın söndürme pompası
autobusas
otobüs
sunkvežimis
kamyon
motorinė valtis
motorlu tekne
motociklas
bisiklet
mašina
otomobil

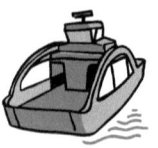

keltas
feribot

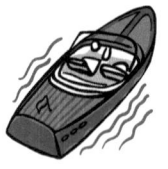

valtis
bot

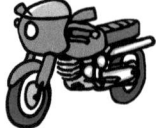

mopedas
motosiklet

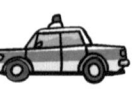

policijos automobilis
polis arabası

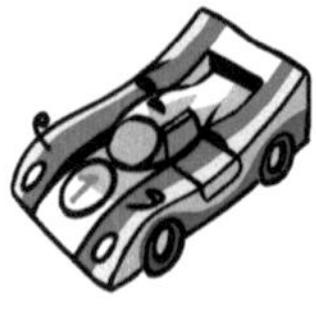

lenktyninis automobilis
yarış arabası

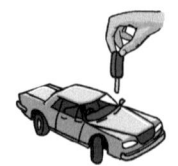

nuomojamas automobilis
kiralık araba

bendras automobilio
naudojimas
....
ortak araba

techninės pagalbos
automobilis
....
çekici

šiukšliavežė
....
çöp kamyonu

variklis
....
motor

degalai
....
yakıt

degalinė
....
benzinlik

kelio ženklas
....
trafik işareti

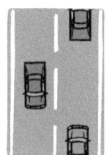

eismas
....
trafik

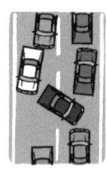

eismo spūstis
....
trafik sıkışıklığı

mašinų stovėjimo aikštelė
....
otopark

traukinių stotis
....
tren istasyonu

bėgiai
....
ray

traukinys
....
tren

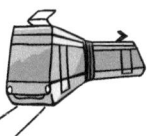

tramvajus
....
tramvay

vagonas
....
vagon

sraigtasparnis

helikopter

oro uostas

havaalanı

bokštas

kule

keleivis

yolcu

konteineris

konteyner

dėžė

koli

vežimėlis

yük arabası

krepšys

sepet

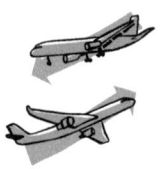

pakilti / nusileisti

kalkış / iniş

miestas

şehir

kaimas

köy

miesto centras

şehir merkezi

namas

ev

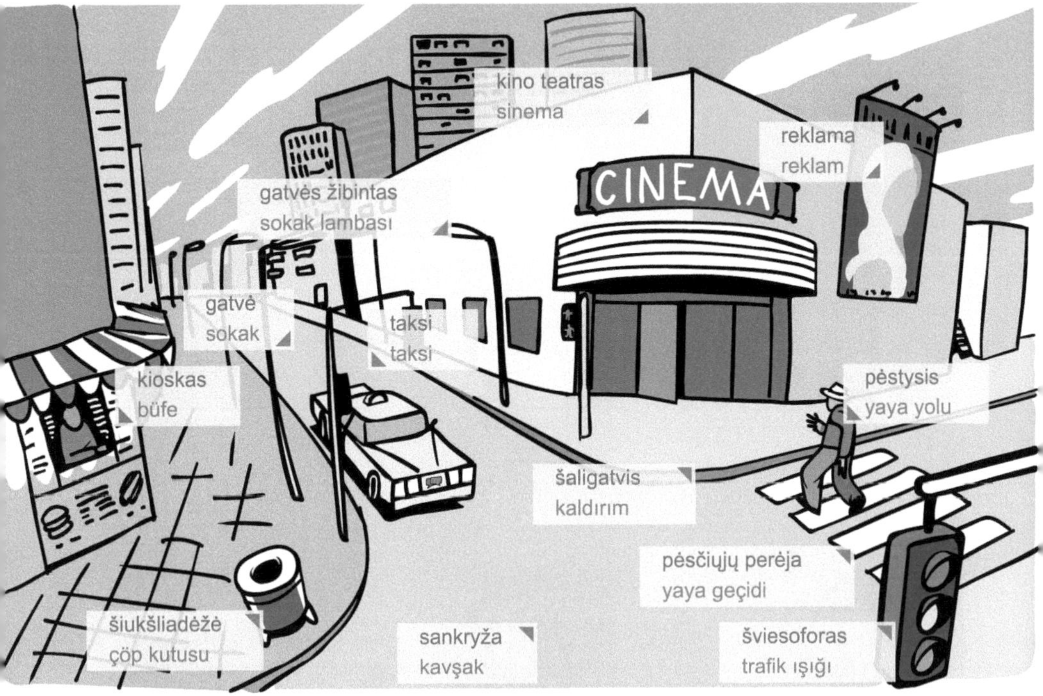

kino teatras
sinema

reklama
reklam

gatvės žibintas
sokak lambası

CINEMA

gatvė
sokak

taksi
taksi

pėstysis
yaya yolu

kioskas
büfe

šaligatvis
kaldırım

pėsčiųjų perėja
yaya geçidi

šiukšliadėžė
çöp kutusu

sankryža
kavşak

šviesoforas
trafik ışığı

trobelė
kulübe

butas
apartman dairesi

traukinių stotis
tren istasyonu

rotušė
belediye binası

muziejus
müze

mokykla
okul

universitetas

üniversite

bankas

banka

ligoninė

hastane

viešbutis

otel

vaistinė

eczane

biuras

ofis

knygynas

kitapçı

parduotuvė

mağaza

gėlių parduotuvė

çiçekçi

prekybos centras

süpermarket

turgus

market

universalinė parduotuvė

büyük mağaza

žuvies parduotuvė

balık satıcısı

prekybos centras

alışveriş merkezi

uostas

liman

parkas

park

suoliukas

bank

tiltas

köprü

laiptai

mcrdiven

metro

rnetro

tunelis

tünel

autobusų stotelė

otobüs durağı

baras

bar

restoranas

restoran

lauko pašto dėžutė

posta kutusu

kelio ženklas

sokak tabelası

parkomatas

otopark sayacı

zoologijos sodas

hayvanat bahçesi

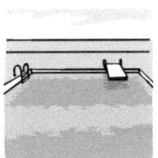

baseinas

yüzme havuzu

mečetė

cami

ūkininko ūkis

çiftlik

tarša

kirlilik

kapinės

mezarlık

bažnyčia

kilise

žaidimų aikštelė

oyun alanı

šventykla

tapınak

kraštovaizdis
arazi

lapas
yaprak

kelio rodyklė
yön tabelası

kelias
yol

pieva
çayır

akmuo
taş

medis
ağaç

ėjikas
yürüyüşçü

upė
ırmak

žolė
çimen

gėlė
çiçek

slėnis

vadi

kalva

tepe

ežeras

göl

miškas

orman

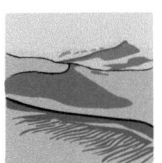

dykuma

çöl

ugnikalnis

volkan

pilis

kale

vaivorykštė

gökkuşağı

grybas

mantar

palmė

palmiye

uodas

sivrisinek

musė

sinek

skruzdėlė

karınca

bitė

arı

voras

örümcek

vabalas
böcek

varlė
kurbağa

voverė
sincap

ežys
kirpi

kiškis
yabani tavşan

pelėda
baykuş

paukštis
kuş

gulbė
kuğu

šernas
yaban domuzu

elnias
geyik

briedis
geyik

užtvanka
baraj

vėjo jėgainė
rüzgar türbini

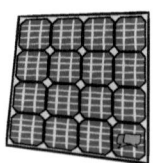

saulės baterija
güneş paneli

klimatas
iklim

restoranas
restoran

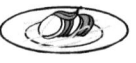

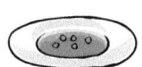

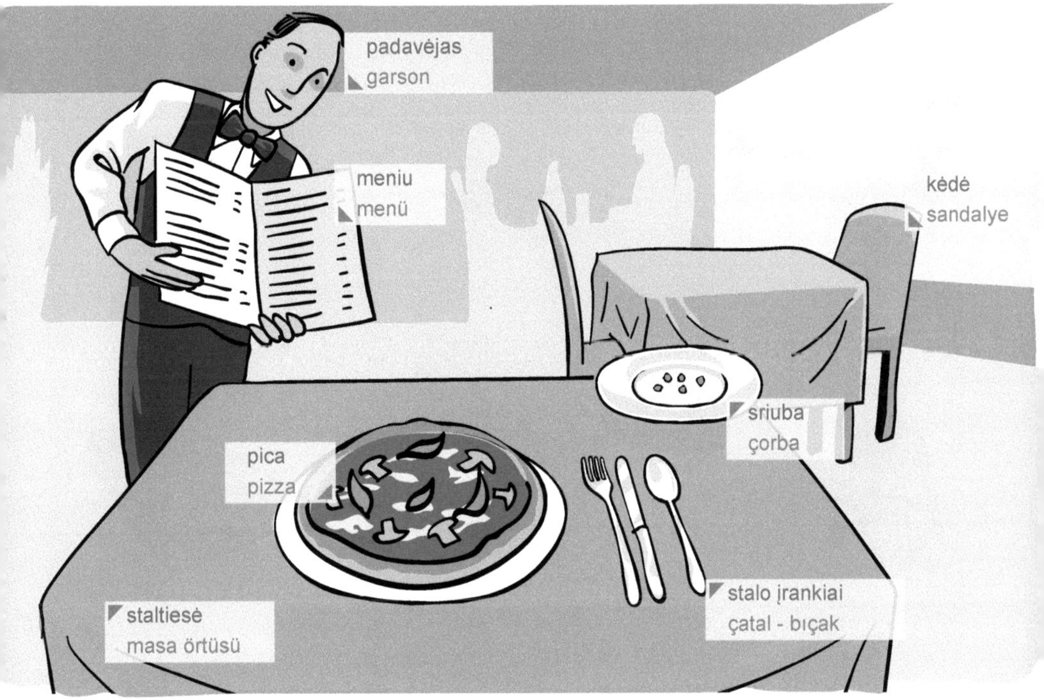

padavėjas
garson
meniu
menü
kėdė
sandalye
sriuba
çorba
pica
pizza
staltiesė
masa örtüsü
stalo įrankiai
çatal - bıçak

užkandis

başlangıç

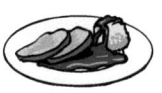

pagrindinis patiekalas

ana yemek

desertas

tatlı

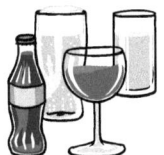

gėrimai

içecekler

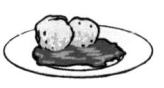

maistas

yemek

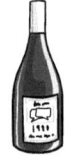

butelis

şişe

greitai pateikiamas maistas

fastfood

gatvės maistas

sokak yemeği

arbatinukas

çaydanlık

cukrinė

şekerlik

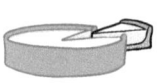

porcija

porsiyon

espreso aparatas

espresso makinesi

aukšta kėdė

mama sandalyesi

sąskaita

fatura

padėklas

tepsi

peilis

bıçak

šakutė

çatal

šaukštas

kaşık

arbatinis šaukštelis

çay kaşığı

servetėlė

servis peçetesi

stiklinė

bardak

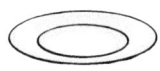

lėkštė
tabak

sriubos lėkštė
çorba kasesi

padėklas
fincan altlığı

padažas
sos

druskinė
tuzluk

pipirų malūnėlis
karabiber değirmeni

actas
sirke

aliejus
yağ

prieskoniai
baharat

kečupas
ketçap

garstyčios
hardal

majonezas
mayonez

prekybos centras
süpermarket

specialus pasiūlymas
özel teklif
FOR
pirkėjas
müşteri
pieno produktai
süt ürünleri
vaisiai
meyve
troleibusas
alışveriş arabası

BUTCHERS

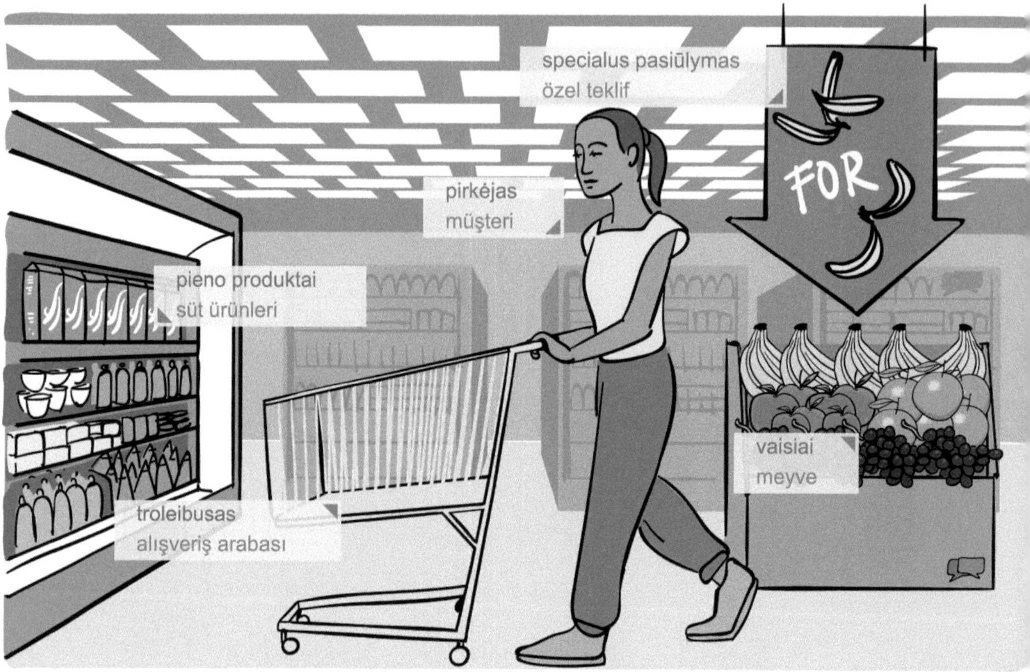

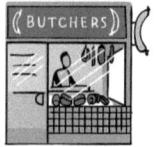

mėsos parduotuvė

kasap

BAKERY

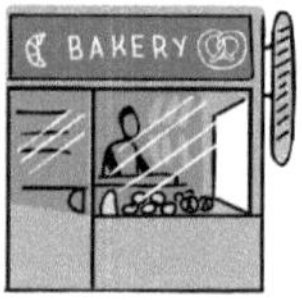

kepykla

fırın

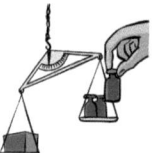

sverti

tartmak

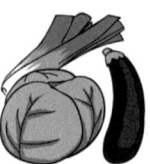

daržovės

sebze

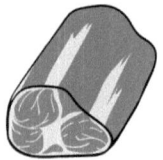

mėsa

et

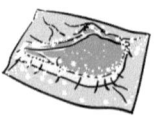

šaldytas maistas

donmuş gıda

šalti mėsos užkandžiai

söğüş et

konservai

konserve yiyecek

skalbimo milteliai

toz deterjan

saldumynai

şekerlemeler

ūkinės prekės

ev temizlik ürünlcri

valymo priemonės

temizlık ürünleri

pardavėja

satış görevlisi

kasos aparatas

yazar kasa

kasininkas

kasiyer

pirkinių sąrašas

alışveriş listesi

darbo valandos

açılış saatleri

piniginė

cüzdan

kreditinė kortelė

kredi kartı

maišelis

çanta

plastikinis maišelis

plastik poşet

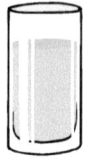

vanduo

su

sultys

meyve suyu

pienas

süt

kola

kola

vynas

şarap

alus

bira

alkoholis

alkol

kakava

kakao

arbata

çay

kava

kahve

espresas

espresso

kapučinas

kapuçino

bananas

muz

obuolys

elma

apelsinas

portakal

arbūzas

kavun

citrina

limon

morka

havuç

česnakas

sarımsak

bambukas

bambu

svogūnas

soğan

grybas

mantar

riešutai

çerez

makaronai

makarna

spagečiai

spagetti

ryžiai

pirinç

salotos

salata

traškučiai

cips

keptos bulvės

patates kızartması

pica

pizza

mėsainis

hamburger

sumuštinis

sandviç

pjausnys

şinitzel

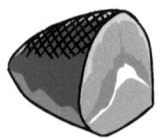

kumpis

pastırma

saliamis

salam

dešrelė

sosis

vištiena

tavuk

kepsnys

rosto

žuvis

balık

avižų dribsniai

yulaf ezmesi

dribsniai su priedais

müsli

kukurūzų dribsniai

mısır gevreği

miltai

un

prancūziškasis ragelis

kruvasan

bandelė

küçük ekmek

duona

ekmek

skrebutis

tost

sausainiai

bisküvi

sviestas

tereyağı

varškė

kaymak

tortas

kek

kiaušinis

yumurta

kiaušinienė

sahanda yumurta

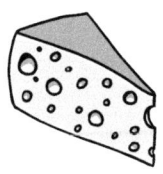

sūris

peynir

ledai

dondurma

cukrus

şeker

medus

bal

uogienė

reçel

tepamas šokoladas

fındık ezmesi

karis

köri

ūkininko ūkis
çiftlik

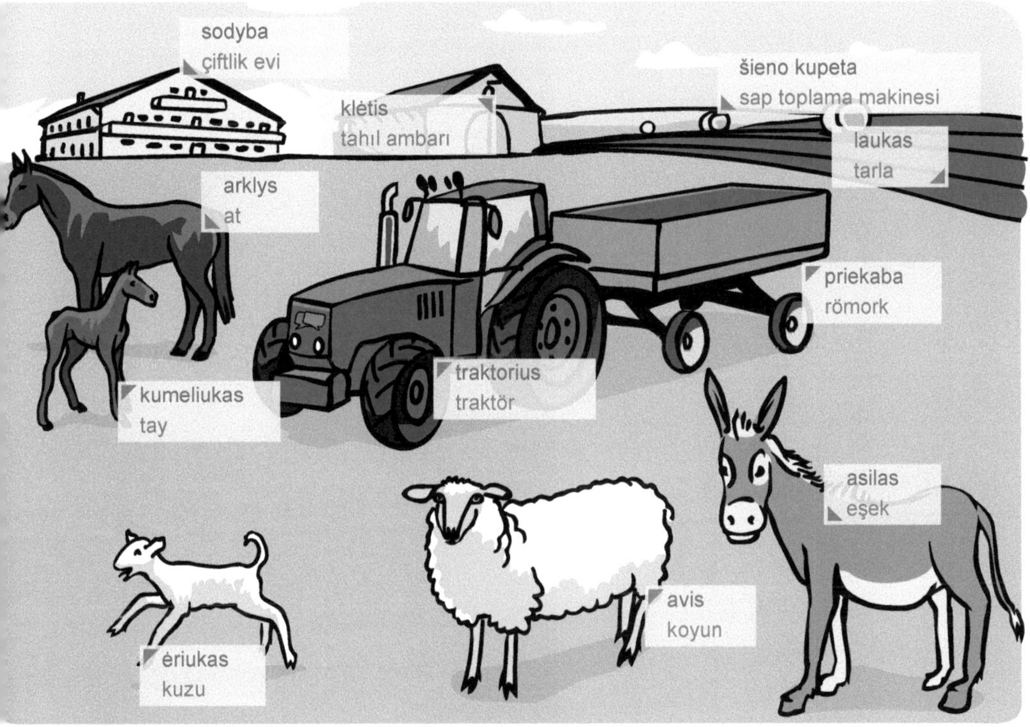
sodyba
çiftlik evi
klėtis
tahıl ambarı
šieno kupeta
sap toplama makinesi
laukas
tarla
arklys
at
priekaba
römork
traktorius
traktör
kumeliukas
tay
asilas
eşek
avis
koyun
ėriukas
kuzu

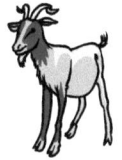

ožys
keçi

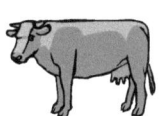

karvė
inek

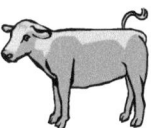

veršis
buzağı

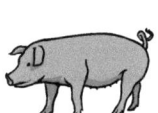

kiaulė
domuz

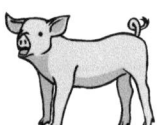

paršelis
domuz yavrusu

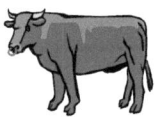

bulius
boğa

žąsis

kaz

antis

ördek

viščiukas

civciv

višta

tavuk

gaidys

horoz

žiurkė

sıçan

katė

kedi

pelė

fare

jautis

öküz

šuo

köpek

šuns būda

köpek kulübesi

sodo namas

bahçe hortumu

laistytuvas

sulama kabı

dalgis

tırpan

plūgas

pulluk

pjautuvas
orak

kauptukas
çapa

šakės
dirgen

kirvis
balta

statinė
el arabası

lovys
yemlik

bidonas
süt kovası

maišas
çuval

tvora
çit

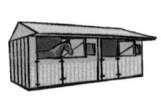

arklidė
ahır

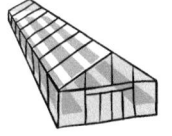

šiltnamis
sera

dirva
toprak

sėkla
tohum

trąšos
gübre

kombainas
biçerdöver

rinkti

hasat etmek

derlius

harman

saldžiosios bulvės

tatlı patates

kviečiai

buğday

soja

soya

bulvė

patates

kukurūzai

mısır

rapsai

kolza

vaismedis

meyve ağacı

manijokas

manyok

grūdai

hububat

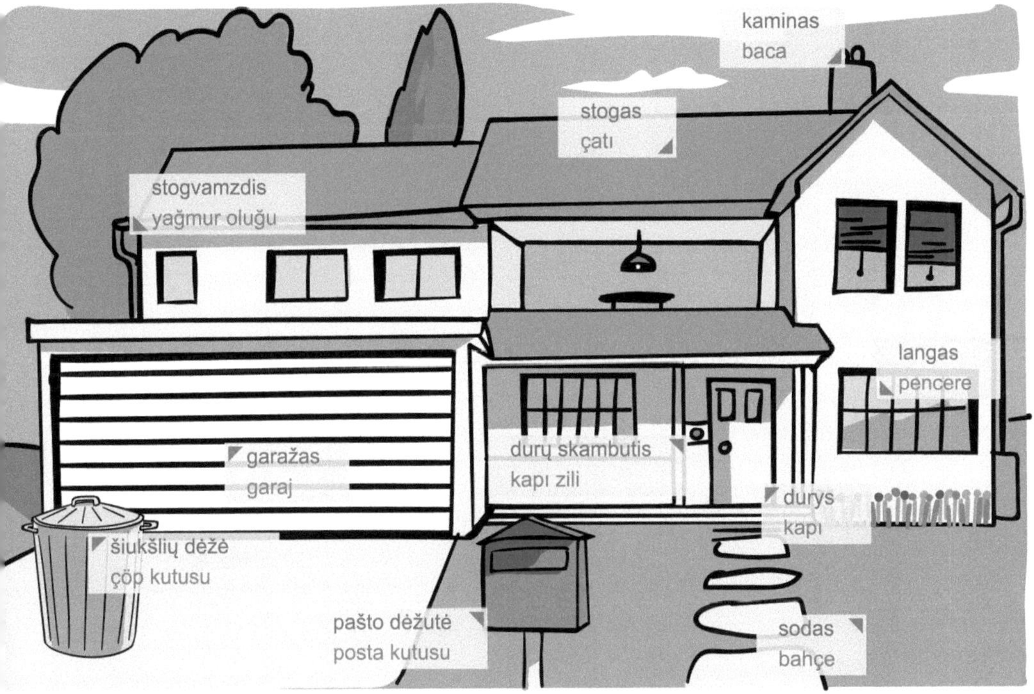

kaminas
baca

stogas
çatı

stogvamzdis
yağmur oluğu

langas
pencere

garažas
garaj

durų skambutis
kapı zili

durys
kapı

šiukšlių dėžė
çöp kutusu

pašto dėžutė
posta kutusu

sodas
bahçe

svetainė

oturma odası

vonios kambarys

banyo

virtuvė

mutfak

miegamasis

yatak odası

vaiko kambarys

çocuk odası

valgomasis

yemek odası

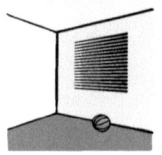

grindys

zemin

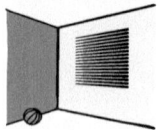

siena

duvar

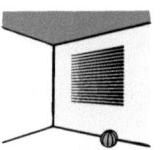

lubos

tavan

rūsys

kiler

sauna

sauna

balkonas

balkon

terasa

teras

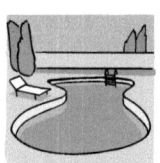

baseinas

havuz

žoliapjovė

çim biçme makinesi

paklodė

çarşaf

lovatiesė

yatak örtüsü

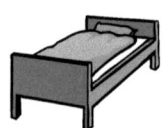

lova

yatak

šluota

süpürge

kibiras

kova

jungiklis

anahtar

svetainė

oturma odası

tapetai
duvar kağıdı
nuotrauka
resim
šviestuvas
lamba
lentyna
raf
spintelė
dolap
televizorius
televizyon
židinys
şömine
gėlė
çiçek
pagalvėlė
minder
sofa
kanepe
vaza
vazo
nuotolinio valdymo pultelis
uzaktan kumanda

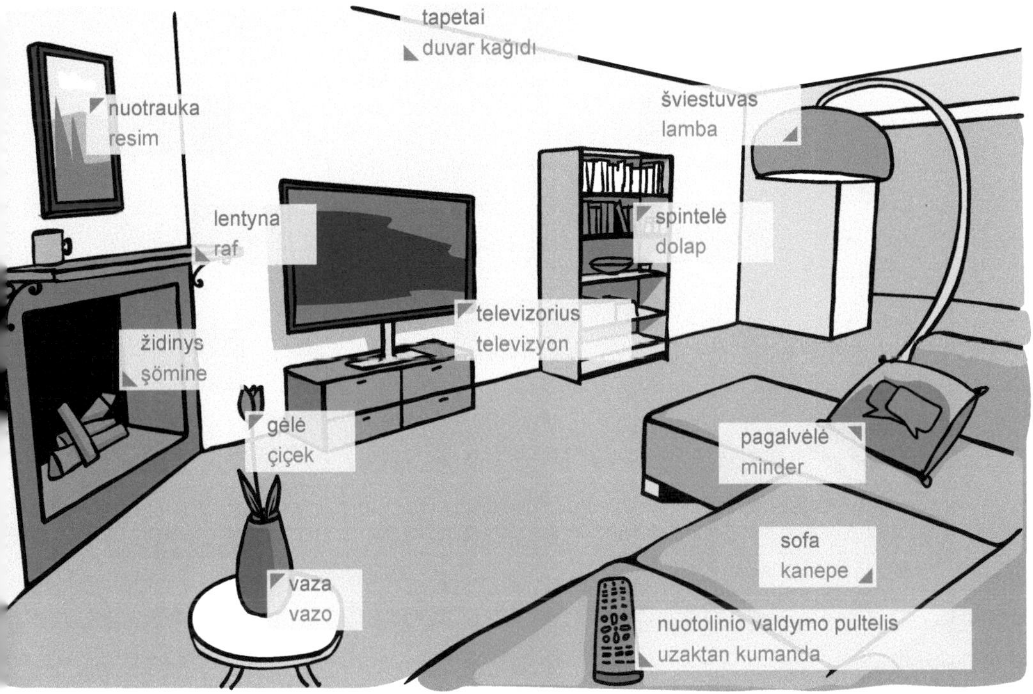

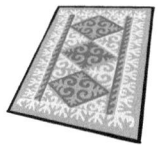

kilimas

halı

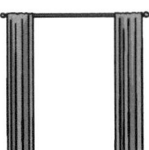

užuolaida

perde

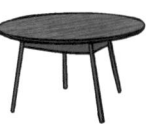

stalas

masa

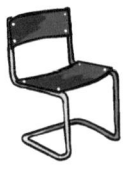

kėdė

sandalye

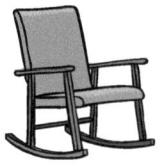

supamasis krėslas

salıncaklı koltuk

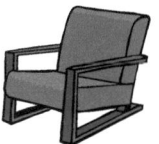

fotelis

koltuk

knyga

kitap

antklodė

battaniye

papuošimai

dekor

malkos

odun

filmas

film

stereo aparatūra

hi-fi

raktas

anahtar

laikraštis

gazete

paveikslas

tablo

plakatas

poster

radijas

radyo

užrašų knygelė

defter

dulkių siurblys

elektrikli süpürge

kaktusas

kaktüs

žvakė

mum

virtuvė
mutfak

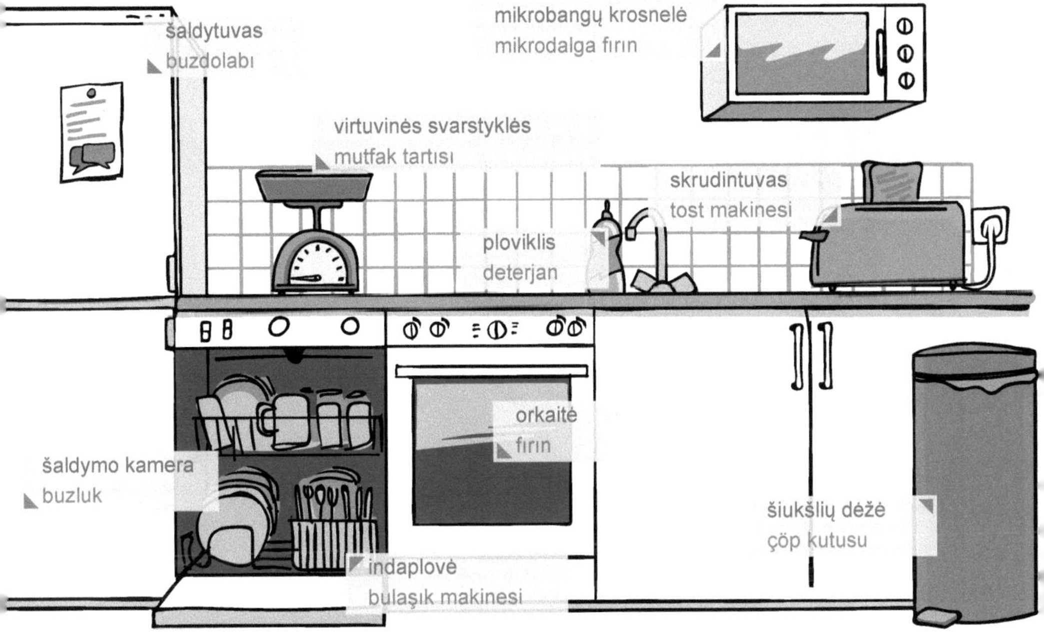

šaldytuvas
buzdolabı
mikrobangų krosnelė
mikrodalga fırın
virtuvinės svarstyklės
mutfak tartısı
skrudintuvas
tost makinesi
ploviklis
deterjan
orkaitė
fırın
šaldymo kamera
buzluk
šiukšlių dėžė
çöp kutusu
indaplovė
bulaşık makinesi

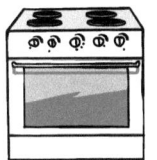

viryklė

ocak

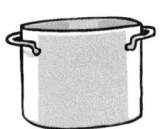

puodas

tencere

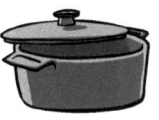

ketaus puodas

döküm tencere

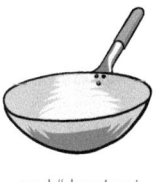

„wok“ keptuvė

wok

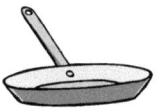

keptuvė

tava

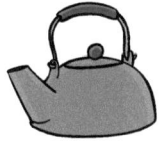

virdulys

su ısıtıcı

garų puodas

buharlı pişirici

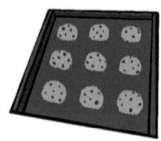

kepimo skarda

pişirme tepsisi

porceliano indai

tabak takımı

puodelis

kupa

dubuo

kase

valgomosios lazdelės

çubuk (çin yemeği)

samtis

kepçe

mentelė

spatula

plaktuvas

çırpma teli

koštuvas

süzgeç

sietas

elek

trintuvė

rende

grūstuvė

havan

kepsninė

barbekü

atvira liepsna

açık ateş

pjaustymo lentelė

kesme tahtası

kočėlas

merdane

kamščiatraukis

tirbüşon

skardinė

konserve kutusu

skardinių atidarytuvas

konserve açacağı

puodkėlė

fırın eldiveni

kriauklė

evye

šepetys

fırça

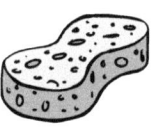

kempinė

sünger

trintuvas

blender

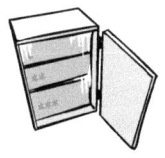

šaldiklis

derin dondurucu

kūdikių buteliukas

biberon

čiaupas

musluk

vonios kambarys

banyo

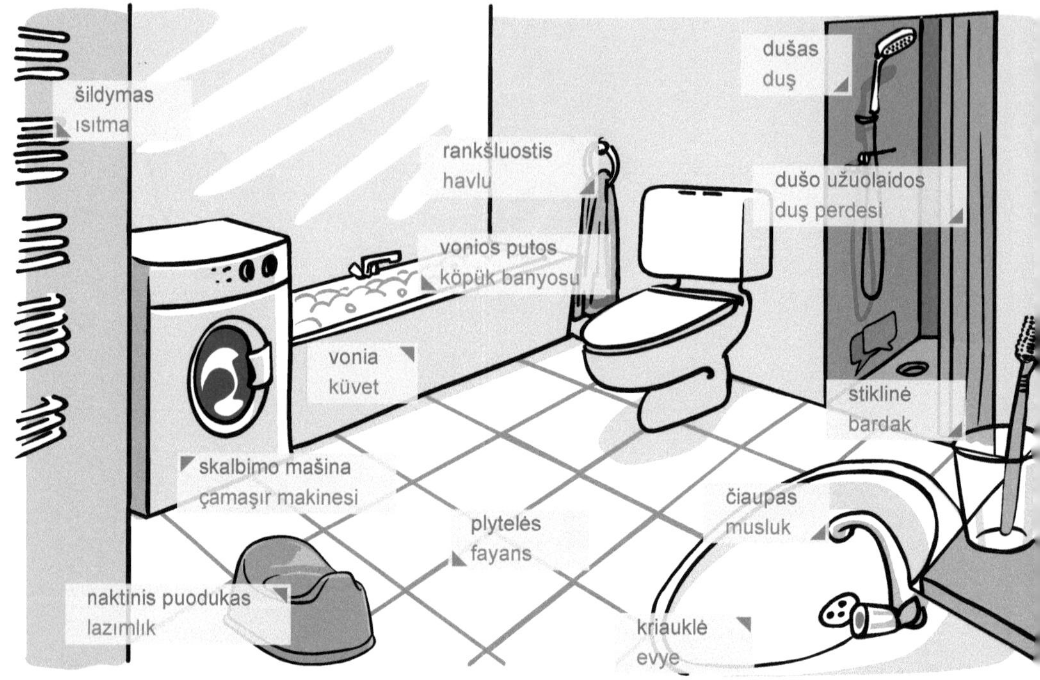

šildymas
ısıtma
rankšluostis
havlu
dušas
duş
dušo užuolaidos
duş perdesi
vonios putos
köpük banyosu
vonia
küvet
stiklinė
bardak
skalbimo mašina
çamaşır makinesi
čiaupas
musluk
plytelės
fayans
naktinis puodukas
lazımlık
kriauklė
evye

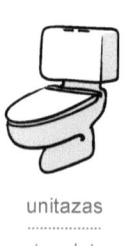

unitazas

tuvalet

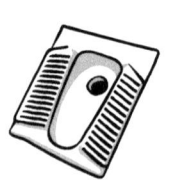

tupimasis unitazas

alaturka tuvalet

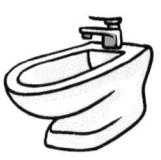

bidė

bide

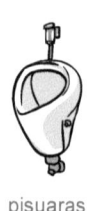

pisuaras

pisuvar

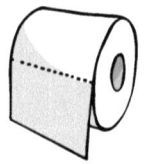

tualetinis popierius

tuvalet kağıdı

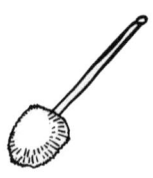

unitazo šepetys

tuvalet fırçası

dantų šepetėlis

diş fırçası

dantų pasta

diş macunu

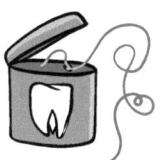

dantų siūlas

diş ipi

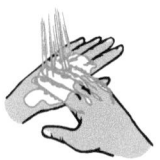

plauti

yıkamak

dušo galvutė

duş başlığı

higieninis dušas

duş başlığı şeklinde taharet musluğu

praustuvas

küvet

nugaros plaušinė

banyo fırçası

muilas

sabun

dušo želė

duş jeli

šampūnas

şampuan

plaušinė

banyo lifi

kanalizacija

gider

kremas

krem

dezodorantas

deodorant

veidrodis

ayna

veidrodėlis

el aynası

skustuvas

jilet

skutimosi putos

tıraş köpüğü

losjonas po skutimosi

tıraş losyonu

šukos

tarak

šepetys

fırça

plaukų džiovintuvas

saç kurutma makinesi

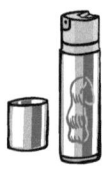

plaukų lakas

saç spreyi

makiažas

makyaj

lūpdažis

ruj

nagų lakas

tırnak cilası

vata

pamuk

žirklutės nagams

tırnak makası

kvepalai

parfüm

maišelis skalbiniams

makyaj çantası

taburetė

tabure

svarstyklės

tartı

chalatas

bornoz

guminės pirštinės

lastik eldiven

tamponas

tampon

higieninis įklotas

kadın pedi

biotualetas

kimyevi tuvalet

vaiko kambarys
çocuk odası

žadintuvas
çalar saat
pliušinis žaislas
peluş oyuncak
žaislinė mašinėlė
oyuncak araba
barškutis
çıngırak
lėlės namelis
bebek evi
dovana
hediye

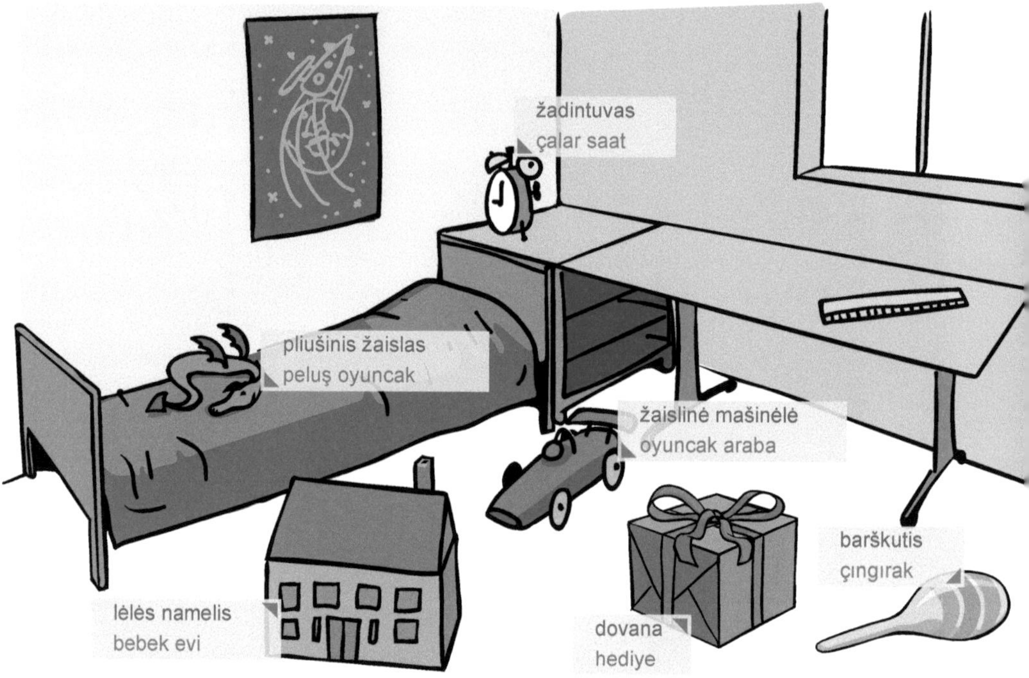

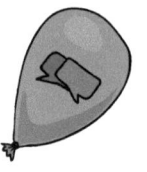

balionas
balon

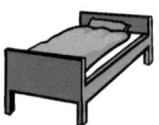

lova
yatak

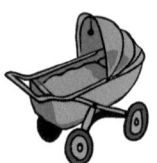

vaikiškas vežimėlis
bebek arabası

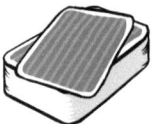

kortų malka
kart destesi

delionė
yapboz

SUPER MEGA
komiksai
çizgi roman

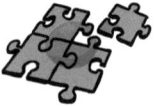

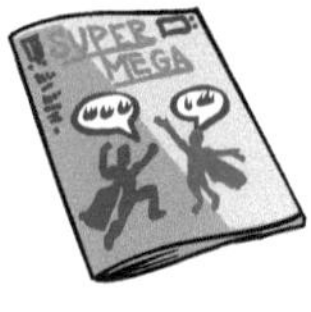

lego kaladėlės

lego tuğlaları

žaislinės kaladėlės

lego blokları

figūrėlė

aksiyon figürü

šliaužtinukai

zıbın

mėtymo lėkštė

frizbi

karuselė

dönence

stalo žaidimas

masa oyunu

kauliukai

zar

žaislinis traukinys

model tren seti

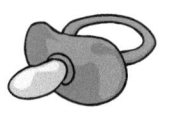

žindukas

emzik

vakarėlis

parti

paveiksliukų knygelė

resimli kitap

kamuolys

top

lėlė

oyuncak bebek

žaisti

oynamak

smėlio dėžė

kum havuzu

sūpynės

salıncak

žaislai

oyuncaklar

žaidimų konsolė

video oyun konsolu

triratukas

üç tekerlekli bisiklet

meškiukas

oyuncak ayı

drabužių spinta

gardırop

drabužis

kıyafet

kojinės

çorap

kojinės virš kelių

külotlu çorap

pėdkelnės

tayt

šalikas
eşarp

skėtis
şemsiye

marškinėliai
tişört

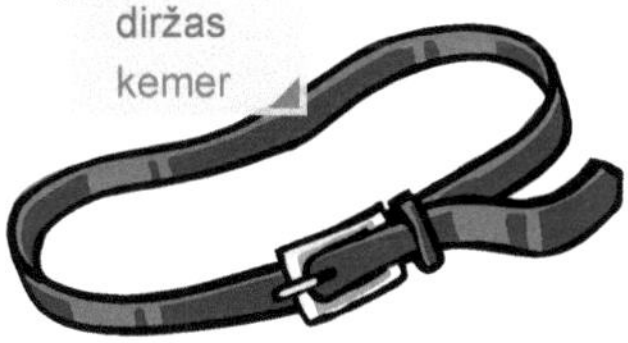

diržas
kemer

llgaaullal batal
bot

šlepetės
terlik

sportbačiai
spor ayakkabı

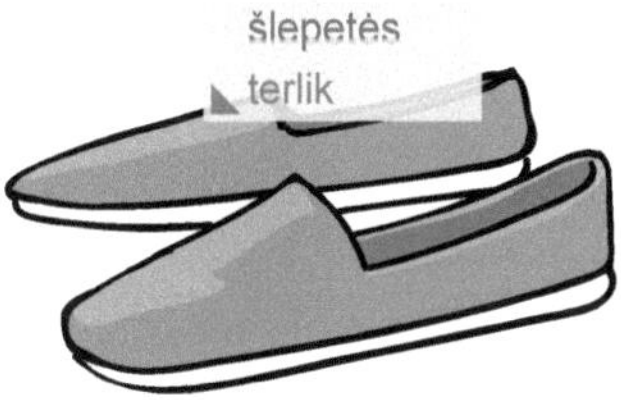

sandalai
....
sandalet

batai
....
ayakkabı

guminiai batai
....
lastik çizme

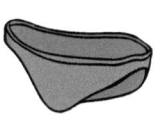

trumpikės
....
külot

liemenėlė
....
sütyen

liemenė
....
yelek

glaustinukė

dar bluz

kelnės

pantolon

džinsai

kot pantolon

sijonas

etek

palaidinė

bluz

marškiniai

gömlek

megztinis

kazak

megztinis su gobtuvu

süveter

švarkelis

blazer

švarkas

ceket

paltas

mont

lietpaltis

yağmurluk

kostiumas

kostüm

suknelė

elbise

vestuvinė suknelė

gelinlik

kostiumas

takım elbise

naktiniai marškiniai

gecelik

pižama

pijama

saris

sari

skarelė

baş örtüsü

tiurbanas

türban

burka

burka

kaftanas

kaftan

abaja

çarşaf

maudymosi kostiumėlis

mayo

glaudės

erkek mayosu

šortai

şort

sportinis kostiumas

eşofman

prijuostė

önlük

pirštinės

eldiven

saga

düğme

akiniai

gözlük

apyrankė

bilezik

vėrinys

kolye

žiedas

yüzük

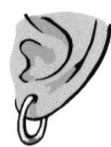

auskaras

küpe

kepurė

kep

pakabas

portmanto

skrybėlė

şapka

kaklaraištis

kravat

užtrauktukas

fermuar

šalmas

kask

breketai

pantolon askısı

mokyklinė uniforma

okul forması

uniforma

üniforma

drabužis - kıyafet

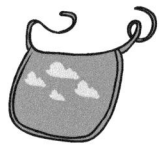

seilinukas

mama önlüğü

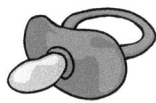

žindukas

emzik

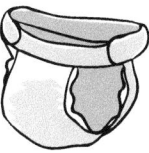

vystyklai

bebek bezi

biuras

ofis

serveris
sunucu
dokumentų spinta
dosya dolabı
spausdintuvas
yazıcı
popierius
kağıt
vaizduoklis
monitör
pelė
fare
rašomasis stalas
masa
aplankas
klasör
klaviatūra
klavye
šiukšliadėžė
kağıt çöp kutusu
kėdė
sandalye
kompiuteris
bilgisayar

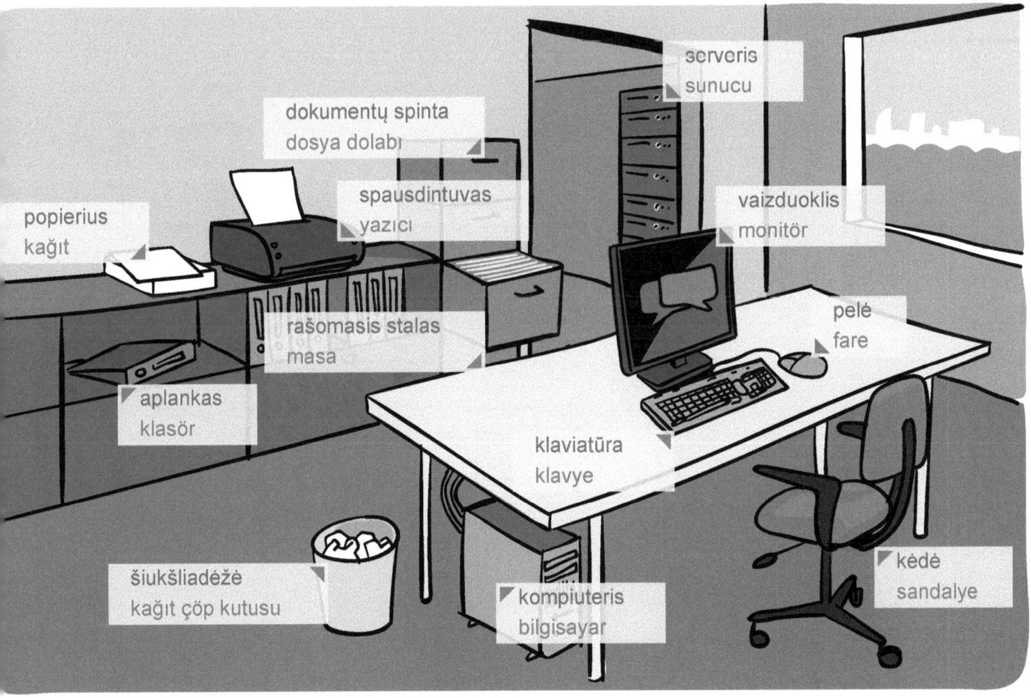

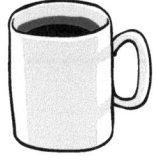

kavos puodelis

kahve fincanı

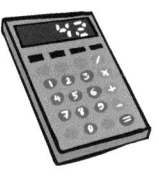

kalkuliatorius

hesap makinesi

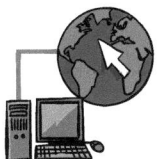

internetas

internet

nešiojamasis kompiuteris

dizüstü

laiškas

mektup

žinutė

mesaj

mobilusis telefonas

cep telefonu

tinklas

ağ

fotokopijavimo aparatas

fotokopi makinesi

programinė įranga

yazılım

telefonas

telefon

kištukinis lizdas

priz

faksas

faks makinesi

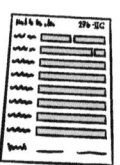

forma

form

dokumentas

belge

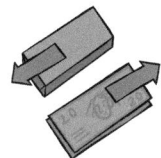

pirkti
....
satın almak

moketi
....
ödemek

prekiauti
....
ticaret yapmak

pinigai
....
para

doleris
....
dolar

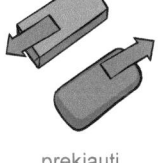

euras
....
avro

jena
....
yen

rublis
....
ruble

Šveicarijos frankas
....
İsviçre frangı

juanis
....
Çin yuanı

rupija
....
rupi

bankomatas
....
kasa

valiutos keitykla

döviz bürosu

auksas

altın

sidabras

gümüş

nafta

petrol

energija

enerji

kaina

fiyat

sutartis

kontrat

mokestis

vergi

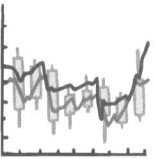

akcijos

menkul değer

dirbti

çalışmak

darbuotojas

işveren

darbdavys

işçi

gamykla

fabrika

parduotuvė

mağaza

policininkas
polis memuru

ugniagesys
itfaiyeci

lakūnas
pilot

virėjas
aşçı

gydytojas
doktor

sodininkas

bahçivan

stalius

marangoz

siuvėja

terzi

teisėjas

hakim

chemikas

kimyager

aktorius

aktör

autobuso vairuotojas

otobüs şoförü

taksi vairuotojas

taksi şoförü

žvejys

balıkçı

valytoja

temizlikçi

stogdengys

çatı ustası

padavėjas

garson

medžiotojas

avcı

dailininkas

boyacı

kepėjas

fırıncı

elektrikas

elektrikçi

statybininkas

inşaatçı

inžinierius

mühendis

mėsininkas

kasap

santechnikas

muslukçu

paštininkas

postacı

kareivis

asker

architektas

mimar

kasininkas

kasiyer

gėlininkas

çiçekçi

kirpėjas

kuaför

konduktorius

kondüktör

mechanikas

tamirci

kapitonas

kaptan

odontologas

dişçi

mokslininkas

bilim insanı

rabinas

haham

imamas

imam

vienuolis

keşiş

kunigas

rahip

įrankiai
aletler

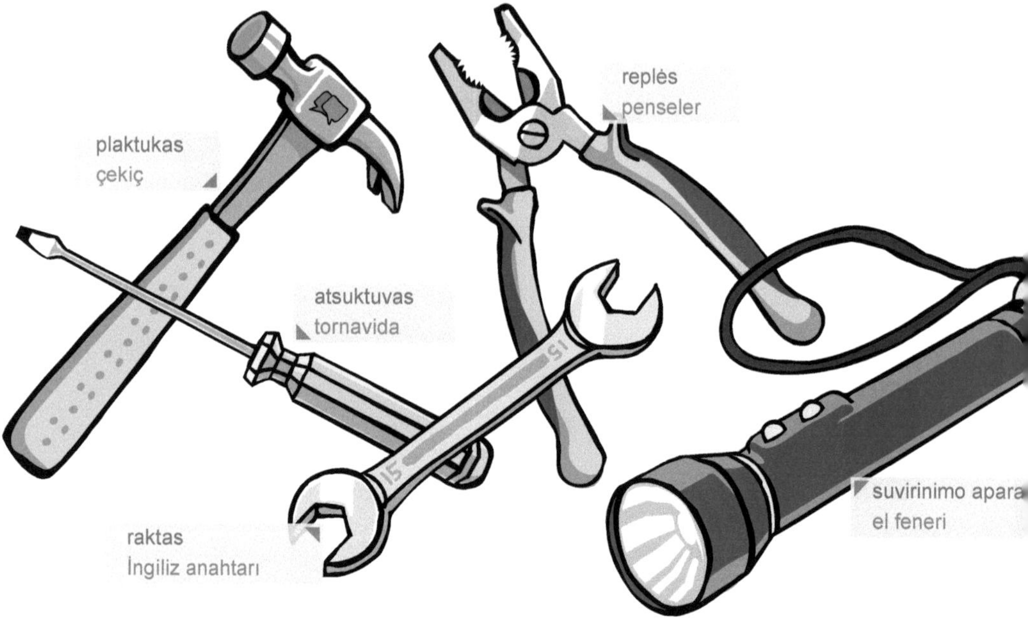

replės
penseler
plaktukas
çekiç
atsuktuvas
tornavida
raktas
İngiliz anahtarı
suvirinimo apara
el feneri

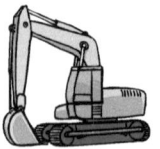

ekskavatorius

kazı makinesi

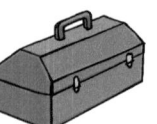

įrankių dėžė

alet çantası

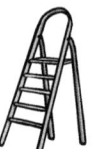

kopėčios

merdiven

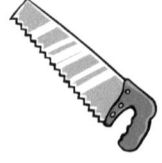

pjūklas

testere

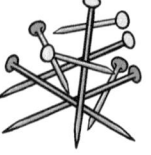

vinys

çiviler

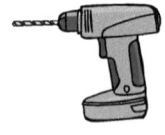

grąžtas

matkap

taisyti

tamir etmek

kastuvas

kürek

Velniava!

Kahretsin!

semtuvėlis

faraş

dažų skardinė

boya tenekesi

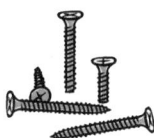

varžtai

vidalar

muzikos instrumentai
müzik enstrümanı

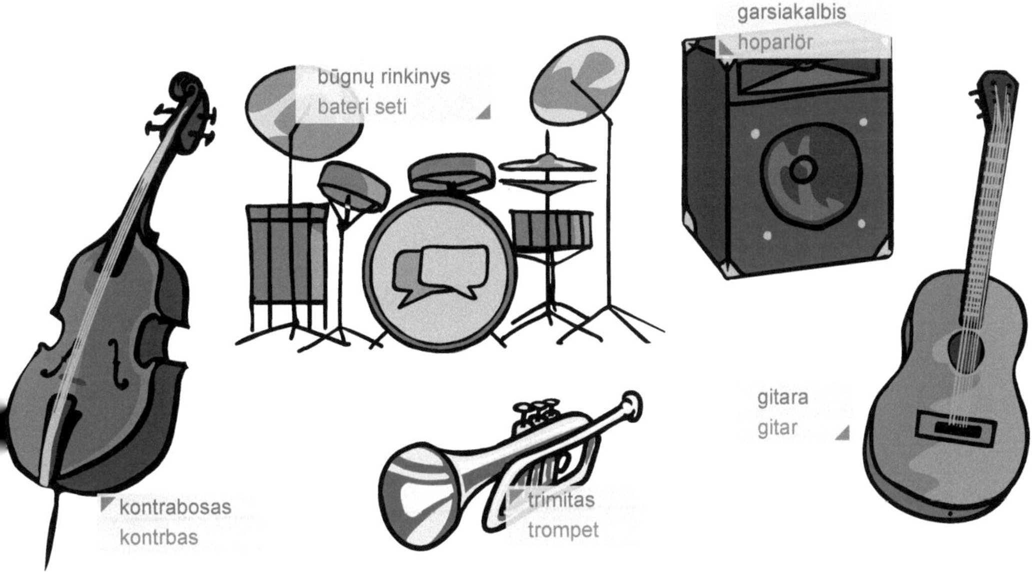

garsiakalbis
hoparlör

būgnų rinkinys
bateri seti

gitara
gitar

kontrabosas
kontrbas

trimitas
trompet

pianinas

piyano

smuikas

keman

bosinė gitara

basgitar

timpanas

timpani

būgnai

bateri

sintezatorius

klavye

saksofonas

saksafon

fleita

flüt

mikrofonas

mikrofon

zoologijos sodas
hayvanat bahçesi

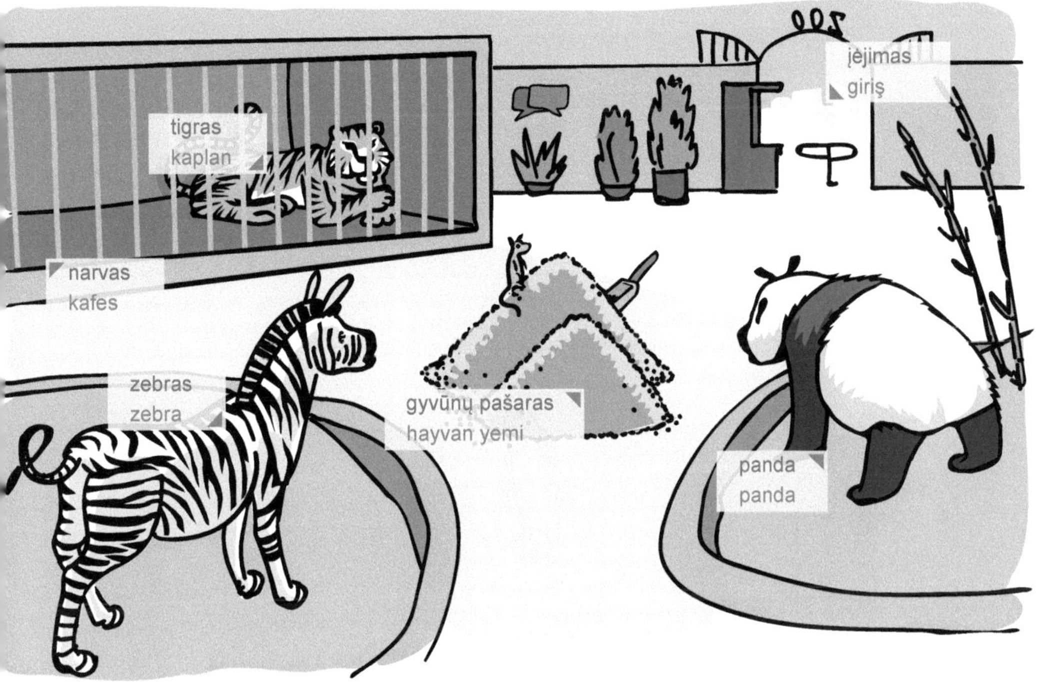

įėjimas
giriş
tigras
kaplan
narvas
kafes
zebras
zebra
gyvūnų pašaras
hayvan yemi
panda
panda

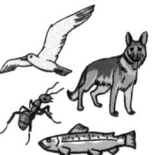

gyvūnai
hayvanlar

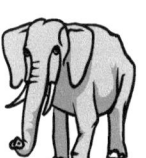

dramblys
fil

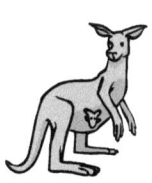

kengūra
kanguru

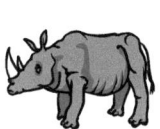

raganosis
gergedan

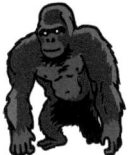

gorila
goril

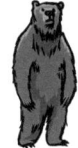

meška
ayı

kupranugaris

deve

strutis

deve kuşu

liūtas

aslan

beždžionė

maymun

flamingas

flamingo

papūga

papağan

baltoji meška

kutup ayısı

pingvinas

penguen

ryklys

köpek balığı

povas

tavus kuşu

gyvatė

yılan

krokodilas

timsah

zoologijos sodo prižiūrėtojas

hayvanat bahçesi görevlisi

ruonis

fok

jaguaras

jaguar

ponis

midilli atı

leopardas

leopar

begemotas

su aygırı

žirafa

zürafa

erelis

kartal

šernas

yaban dornuzu

žuvis

balık

vėžlys

kaplumbağa

vėplys

mors

lapė

tilki

gazelė

ceylan

amerikietiškas futbolas
amerikan futbolu

dviračių sportas
bisiklete binme

tenisas
tenis

krepšinis
basketbol

plaukimas
yüzme

boksas
boks

ledo ritulys
buz hokeyi

futbolas
futbol

badmintonas
badminton

atletika
atletizm

rankinis
hentbol

slidinėjimas
kayak

polas
polo

juoktis
gülmek

šokinėti
atlamak

apkabinti
sarılmak

vaikščioti
yürümek

dainuoti
söylemek

svajoti
hayal etmek

melstis
dua etmek

bučiuoti
öpmek

rašyti
yazmak

piešti
çizmek

rodyti
göstermek

stumti
itmek

duoti
vermek

imti
almak

turėti

sahip olmak

daryti

yapmak

būti

olmak

stovėti

ayakta durmak

bėgti

koşmak

traukti

çekmek

mesti

atmak

kristi

düşmek

meluoti

yalan söylemek

laukti

beklemek

nešti

taşımak

sėdėti

oturmak

rengtis

giyinmek

miegoti

uyumak

pabusti

uyanmak

žiūrėti

bakmak

verkti

ağlamak

glostyti

vurmak

šukuoti

taramak

kalbėti

konuşmak

suprasti

anlamak

paklausti

sormak

klausytis

dinlemek

gerti

içmek

valgyti

yemek

tvarkytis

düzenlemek

mylėti

sevmek

gaminti

pişirmek

vairuoti

sürmek

skristi

uçmak

buriuoti

denize açılmak

skaičiuoti

hesapla

skaityti

okumak

mokytis

öğrenmek

dirbti

çalışmak

vesti

evlenmek

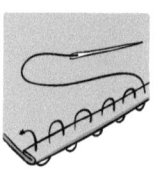

siūti

dikmek

valytis dantis

diş fırçalamak

žudyti

öldürmek

rūkyti

sigara içmek

siųsti

yollamak

šeima
aile

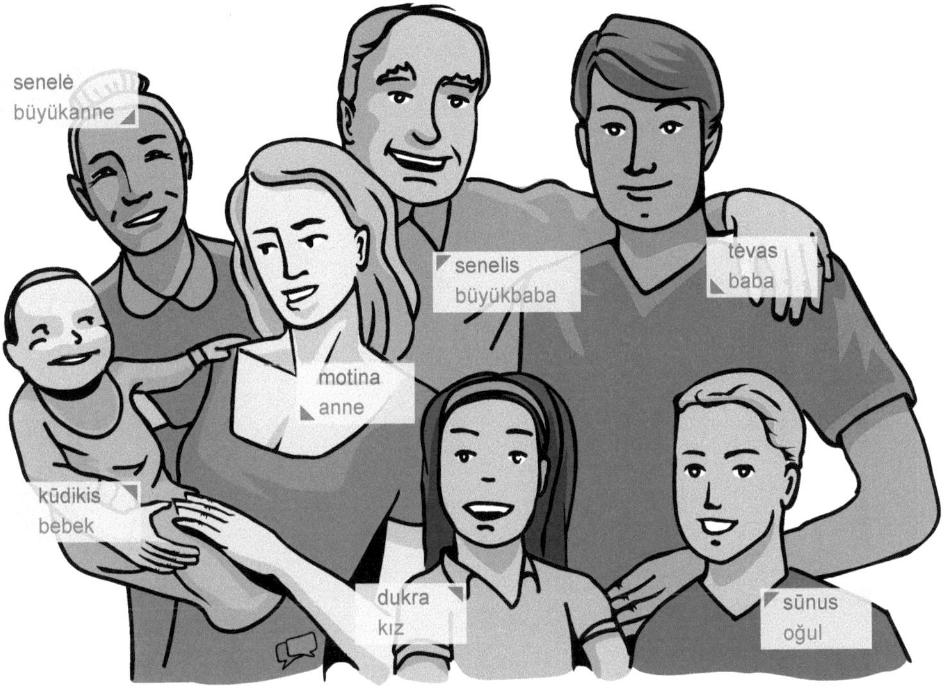
senelė
būyükanne
senelis
büyükbaba
tėvas
baba
motina
anne
kūdikis
bebek
dukra
kız
sūnus
oğul

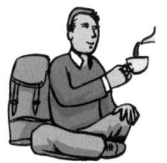

svečias
misafir

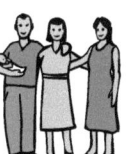

teta
teyze

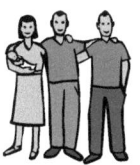

dėdė
amca

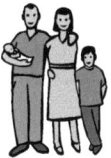

brolis
erkek kardeş

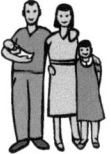

sesuo
kız kardeş

kūnas
vücut

kakta
alın
akis
göz
petys
omuz
pirštas
parmak
veidas
yüz
smakras
çene
plaštaka
el
koja
bacak
krūtinė
göğüs
ranka
kol

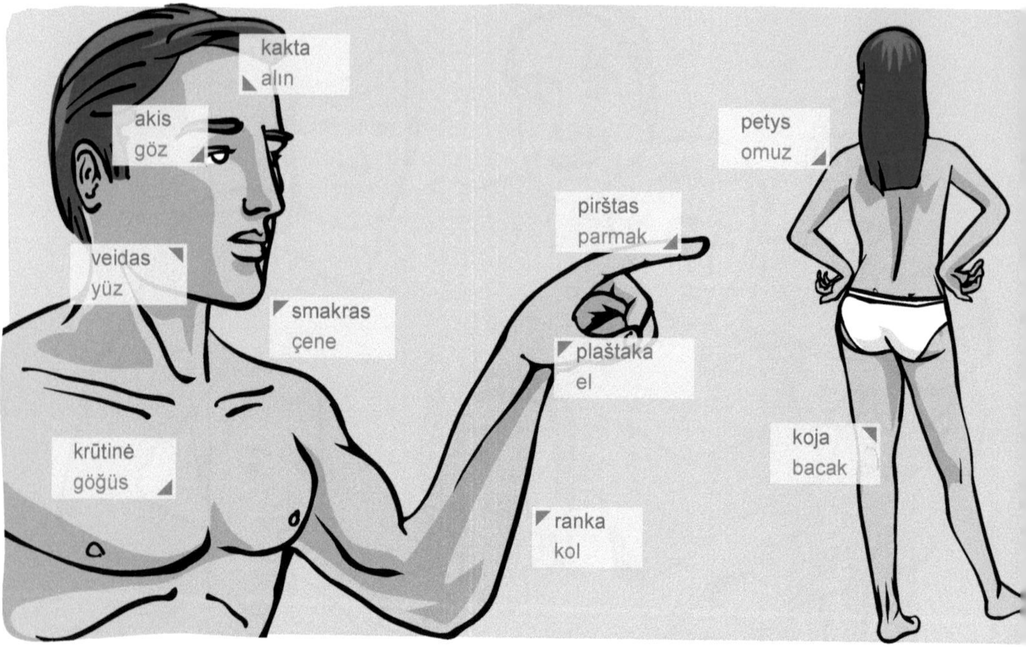

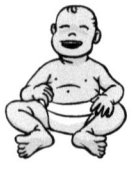

kūdikis

bebek

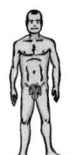

vyras

adam

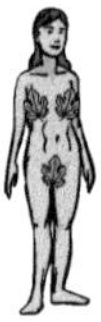

moteris

kadın

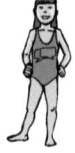

mergaitė

kız

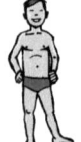

berniukas

erkek çocuk

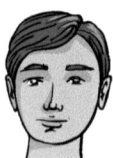

galva

baş

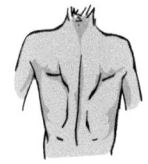

nugara

sırt

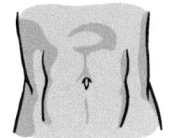

pilvas

karın

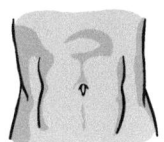

bamba

göbek

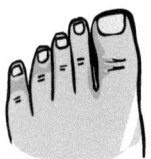

kojos pirštas

ayak parmağı

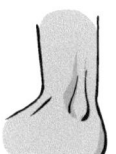

kulnas

topuk

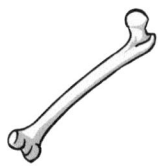

kaulas

kemık

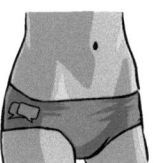

klubas

kalça

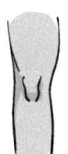

kelis

diz

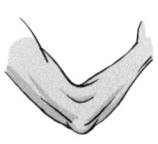

alkūnė

dirsek

nosis

burun

sėdmenys

kalça

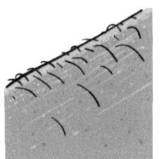

oda

deri

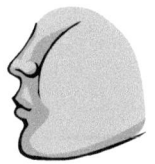

skruostas

yanak

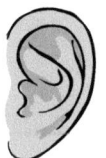

ausis

kulak

lūpa

dudak

burna

ağız

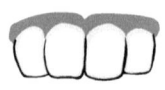

dantis

diş

liežuvis

dil

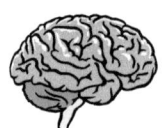

smegenys

beyin

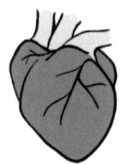

širdis

kalp

raumuo

kas

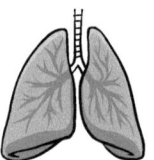

plaučiai

akciğer

kepenys

karaciğer

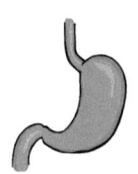

skrandis

mide

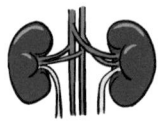

inkstai

böbrekler

seksas

seks

prezervatyvas

prezervatif

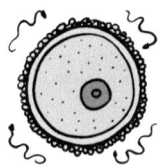

kiaušialąstė

yumurtalık

sperma

sperm

nėštumas

hamilelik

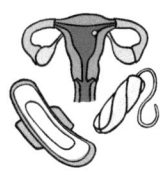

menstruacijos
....
regl

makštis
....
vajina

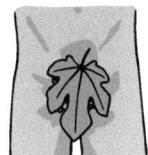

varpa
....
penis

antakis
....
kaş

plaukai
....
saç

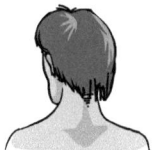

kaklas
....
boyun

ligoninė
hastane

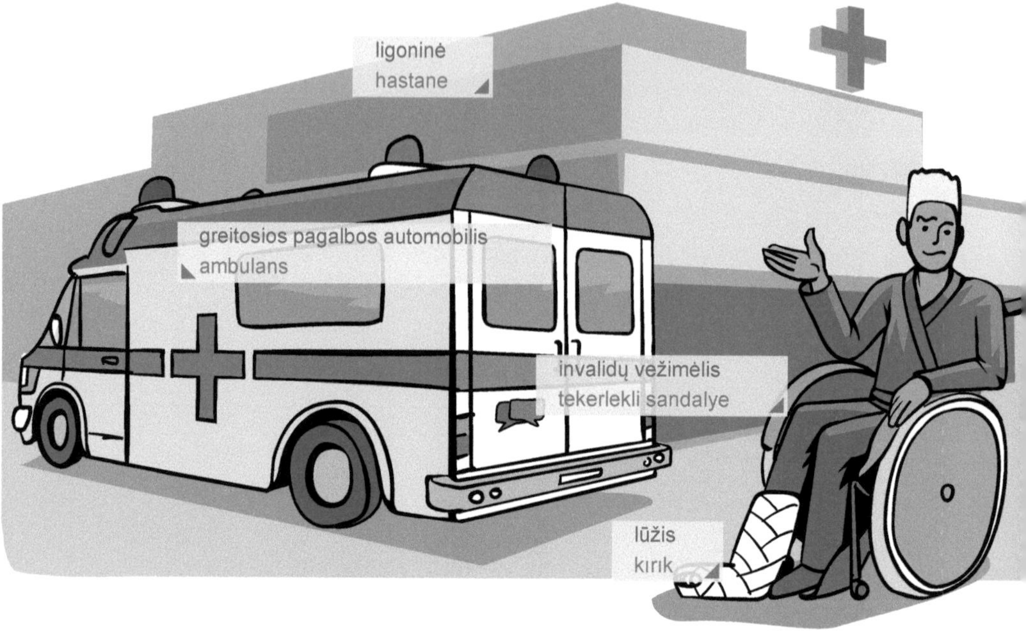

ligoninė
hastane
greitosios pagalbos automobilis
ambulans
invalidų vežimėlis
tekerlekli sandalye
lūžis
kırık

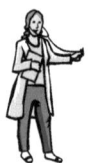

gydytojas

doktor

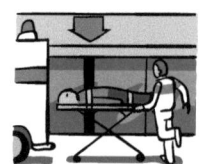

skubios pagalbos skyrius

acil servis

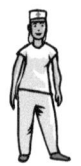

slaugytoja

hemşire

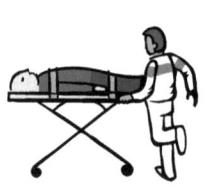

nelaimingas atsitikimas

acil

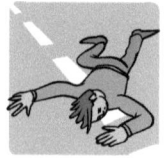

be sąmonės

baygın

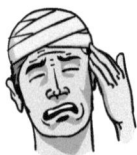

skausmas

acı

sužalojimas
yaralanma

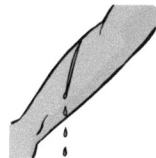

kraujavimas
kanama

širdies smūgis
kalp krizi

insultas
felç

alergija
alerji

kosulys
öksürük

karščiavimas
ateş

gripas
grip

viduriavimas
ishal

galvos skausmas
baş ağrısı

vėžys
kanser

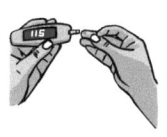

diabetas
şeker hastalığı

chirurgas
cerrah

skalpelis
neşter

operacija
operasyon

KT

bilgisayarlı tomografi

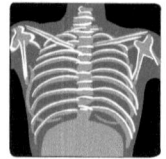

rentgenas

röntgen

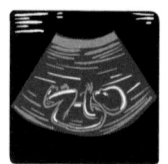

ultragarsas

ultrason

veido kaukė

yüz maskesi

liga

hastalık

laukiamasis

bekleme odası

ramentas

koltuk değneği

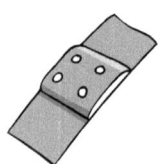

gipsas

yara bandı

tvarstis

bandaj

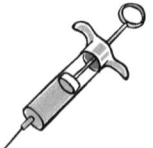

injekcija

enjeksiyon

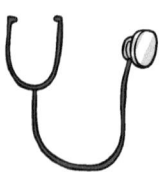

stetoskopas

steteskop

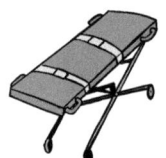

neštuvai

sedye

termometras

tıbbi termometre

gimimas

doğum

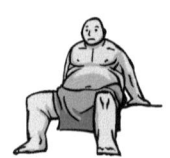

antsvoris

fazla kilo

klausos aparatas

işitme cihazı

dezinfekavimo priemonė

dezenfektan

infekcija

enfeksiyon

virusas

virüs

ŽIV / AIDS

HIV / AIDS

vaistas

ilaç

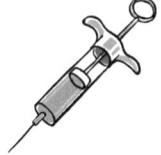

skiepijimas

aşı

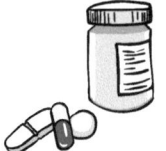

tabletės

tablet

piliulė

hap

skubios pagalbos numeris

acil çağrı

kraujospūdžio matuoklis

tansiyon aleti

ligotas / sveikas

hasta / sağlıklı

ligoninė - hastane

Padėkite!
İmdat!

pavojaus signalas
alarm

užpuolimas
darp

ataka
saldırı

pavojus
tehlike

avarinis išėjimas
acil çıkış

Gaisras!
Yangın!

gesintuvas
yangın tüpü

nelaimingas atsitikimas
kaza

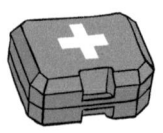

pirmosios pagalbos rinkinys

ilk yardım çantası

SOS
imdat

policija
polis

Europa

Avrupa

Šiaurės Amerika

Kuzey Amerika

Pietų Amerika

Güney amerika

Afrika

Afrika

Azija

Asya

Australija

Avustralya

Atlanto vandenynas

Atlantik

Ramusis vandenynas

Pasifik

Indijos vandenynas

Hint Okyanusu

Pietų vandenynas

Antarktika Okyanusu

Arkties vandenynas

Arktik Okyanusu

Šiaurės ašigalis

Kuzey Kutbu

Pietų ašigalis

Güney Kutbu

Antarktida

Antarktika

Žemė

dünya

sausuma

kara

jūra

deniz

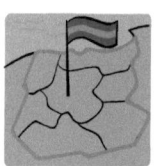

sala

ada

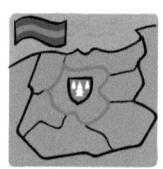

tauta

ulus

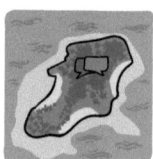

valstybė

ülke

ciferblatas

kadran

valandinė rodyklė

akrep

minutinė rodyklė

yelkovan

sekundinė rodyklė

saniye ibresi

Kiek valandų?

Saat kaç?

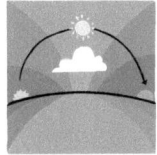

diena

gün

laikas

zaman

dabar

şimdi

skaitmeninis laikrodis

dijital saat

minutė

dakika

valanda

saat

savaitė
hafta

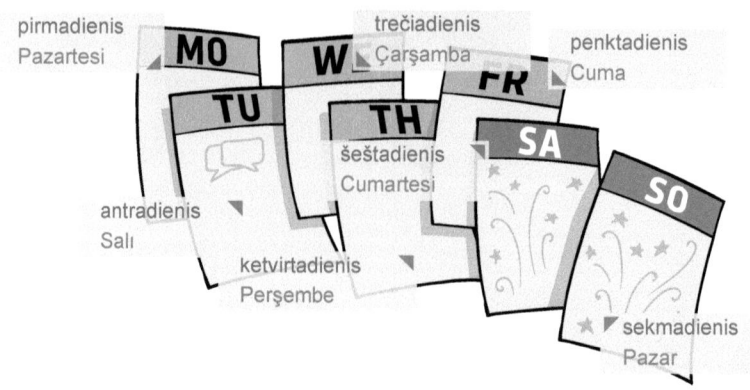

pirmadienis
Pazartesi

trečiadienis
Çarşamba

penktadienis
Cuma

antradienis
Salı

šeštadienis
Cumartesi

ketvirtadienis
Perşembe

sekmadienis
Pazar

vakar

dün

šiandien

bugün

rytoj

yarın

rytas

sabah

vidurdienis

öğle

vakaras

akşam

MO	TU	WE	TH	FR	SA	SU
1	2	3	4	5	6	7
8	9	10	11	12	13	14
15	16	17	18	19	20	21
22	23	24	25	26	27	28
29	30	31	1	2	3	4

darbo dienos

iş günleri

MO	TU	WE	TH	FR	SA	SU
1	2	3	4	5	6	7
8	9	10	11	12	13	14
15	16	17	18	19	20	21
22	23	24	25	26	27	28
29	30	31	1	2	3	4

savaitgalis

hafta sonu

metai
yıl

lietus
yağmur
vaivorykštė
gökkuşağı
vėjas
rüzgar
sniegas
kara
pavasaris
bahar
vasara
yaz
ruduo
sonbahar
žiema
kış

4.APRIL 11°
5.APRIL 4°
6.APRIL 13°
7.APRIL 8°
8.APRIL 10°

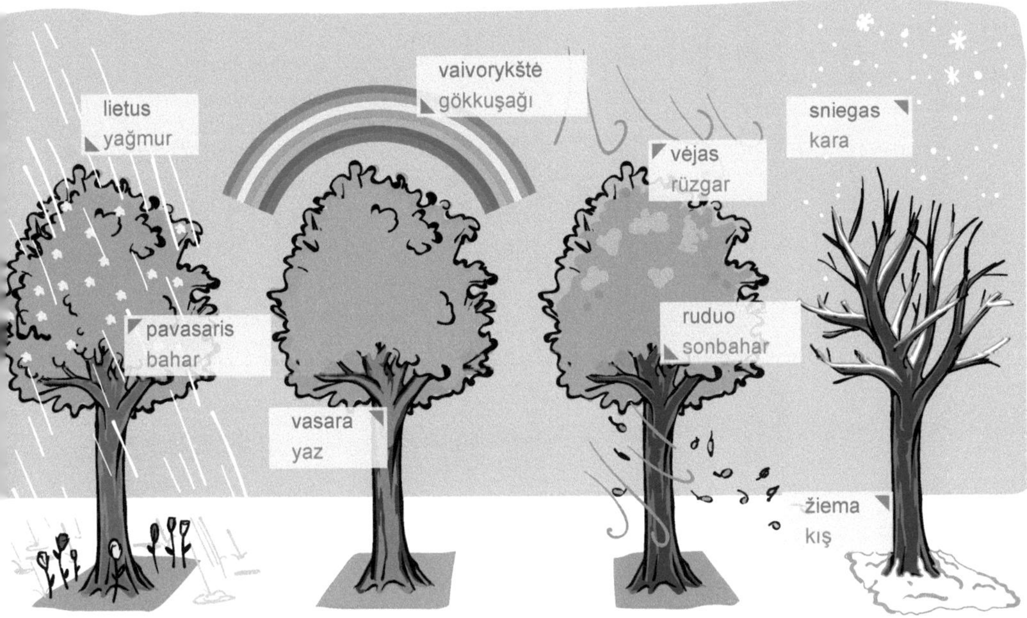

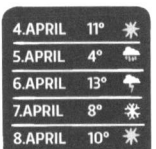

orų prognozė

hava durumu tahmini

F C
120 40
90 30
60 20
30 10
0 0
-30 -10
-20

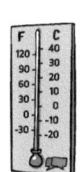

lauko termometras

termometre

saulės šviesa

güneş ışığı

debesis

bulut

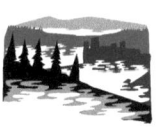

rūkas

sis

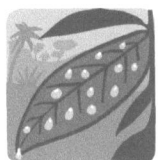

drėgmė

nem

žaibas

şimşek

griaustinis

gök gürültüsü

audra

fırtına

kruša

dolu

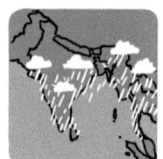

musonas

muson

potvynis

sel

ledas

buz

sausis

Ocak

vasaris

Şubat

kovas

Mart

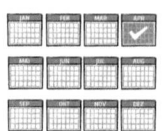

balandis

Nisan

gegužė

Mayıs

birželis

Haziran

liepa

Temmuz

rugpjūtis

Ağustos

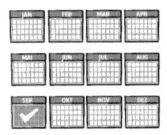

rugsėjis
....
Eylül

spalis
....
Ekim

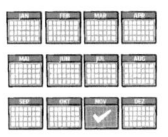

lapkritis
....
Kasım

gruodis
....
Aralık

apskritimas
....
daire

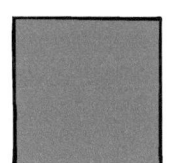

kvadratas
....
kare

stačiakampis
....
dikdörtgen

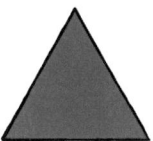

trikampis
....
üçgen

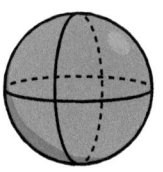

sfera
....
küre

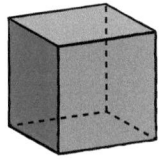

kubas
....
küp

balta

beyaz

geltona

sarı

oranžinė

turuncu

rožinė

pembe

raudona

kırmızı

violetinė

mor

mėlyna

mavi

žalia

yeşil

ruda

kahverengi

pilka

gri

juoda

siyah

daug / mažai

çok / az

piktas / ramus

kızgın / sakin

gražus / bjaurus

güzel / çirkin

pradžia / pabaiga

başlangıç / son

didelis / mažas

büyük / küçük

šviesus / tamsus

parlak / karanlık

brolis / sesuo

erkek kardeş / kız kardeş

švarus / purvinas

temiz / kirli

užbaigtas / neužbaigtas

tamam / eksik

diena / naktis

gün / gece

miręs / gyvas

ölü / canlı

platus / siauras

geniş / dar

valgomas / nevalgomas
yenilebilir / yenilemez

piktas / malonus
kötü / iyi

linksmas / nuobodus
heyecanlı / sıkılmış

storas / plonas
şişman / zayıf

pirmiausia / paskiausia
ilk / son

draugas / priešas
dost / düşman

pilnas / tuščias
dolu / boş

kietas / minkštas
sert / yumuşak

sunkus / lengvas
ağır / hafif

alkis / troškulys
açlık / susuzluk

ligotas / sveikas
hasta / sağlıklı

nelegalus / legalus
yasa dışı / yasal

protingas / kvailas
zeki / aptal

kairė / dešinė
sol / sağ

arti / toli
yakın / uzak

naujas / naudotas

yeni / kullanılmış

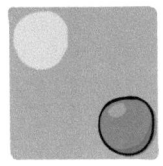

niekas / kažkas

hiçbir şey / bir şey

senas / jaunas

yaşlı / genç

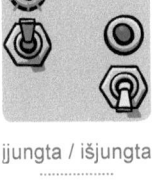

įjungta / išjungta

açma / kapama

atidaryta / uždaryta

açık / kapalı

tylus / garsus

sessiz / gürültülü

turtingas / vargšas

zengin / fakir

teisus / neteisus

doğru / yanlış

šiurkštus / švelnus

pürüzlü / düz

liūdnas / laimingas

üzgün / mutlu

trumpas / ilgas

kısa / uzun

lėtas / greitas

yavaş / hızlı

drėgnas / sausas

ıslak / kuru

šiltas / šaltas

sıcak / serin

karas / taika

savaş / barış

0	**1**	**2**
nulis	vienas	du
sıfır	bir	iki

3	**4**	**5**
trys	keturi	penki
üç	dört	beş

6	**7**	**8**
šeši	septyni	aštuoni
altı	yedi	sekiz

9	**10**	**11**
devyni	dešimt	vienuolika
dokuz	on	on bir

12

dvylika
on iki

13

trylika
on üç

14

keturiolika
on dört

15

penkiolika
on beş

16

šešiolika
on altı

17

septyniolika
on yedi

18

aštuoniolika
on sekiz

19

devyniolika
on dokuz

20

dvidešimt
yirmi

100

šimtas
yüz

1.000

tūkstantis
bin

1.000.000

milijonas
milyon

anglų

İngilizce

amerikiečių anglų

Amerikan İngilizcesi

kinų (mandarinų)

Çince (Mandarin)

hindi

Hintçe

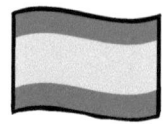

ispanų

İspanyolca

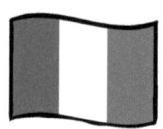

prancūzų

Fransızca

arabų

Arapça

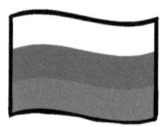

rusų

Rusça

portugalų

Portekizce

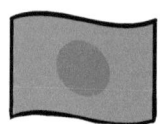

bengalų

Bengalce

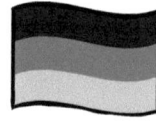

vokiečių

Almanca

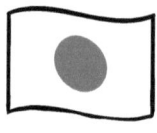

japonų

Japonca

aš
ben

tu
sen

jis / ji
o

mes
biz

jūs
siz

jie
onlar

kas?
kim?

ką?
ne?

kaip?
nasıl?

kur?
nerede?

kada?
ne zaman?

vardas
isim

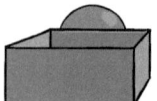

už
....
arkasında

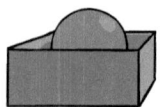

kur (vieta)
....
içinde

priešais
....
önünde

virš
....
üzerinde

ant
....
üstünde

po
....
altında

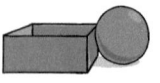

prie
....
yanında

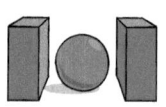

tarp
....
arasında

vieta
....
yer